Die 12 Betrachtungsweisen der künstlichen Intelligenz

Entwürfe für die Zukunft – Band 20

Inhaltsübersicht

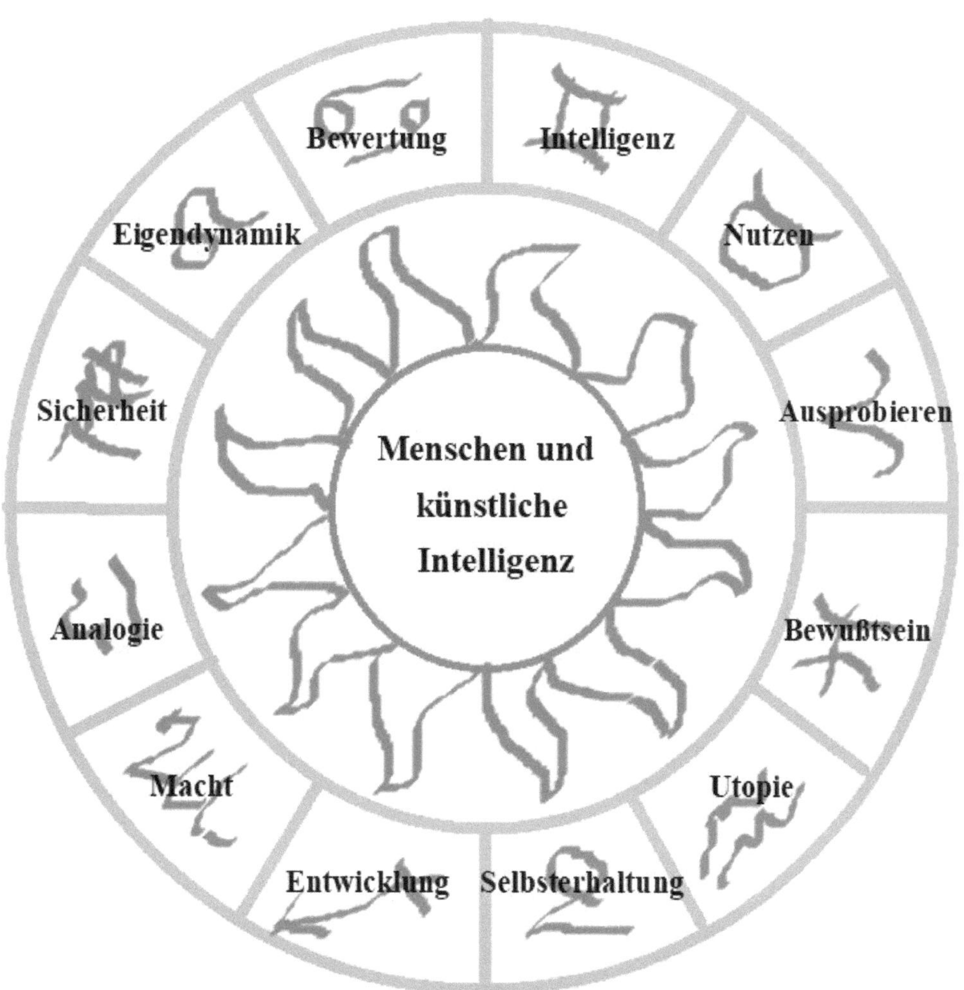

Warum 12?

Alle Bücher dieser Reihe haben genau 12 Kapitel – was sich ja auch in den Titeln dieser Bücher widerspiegelt. Warum?

In diesen Büchern wird der Tierkreis als Matrix von 12 verschiedenen Sichtweisen auf die Welt verwendet, um das Thema des Buches möglichst umfassend in 12 Kapiteln zu betrachten. Dadurch wird eine ausgewogenere, umfassendere und tiefere Einsicht in das jeweilige Thema erlangt als es ohne ein solches Raster, ohne eine solche Matrix möglich wäre.

Der Tierkreis wird in dieser Buch-Reihe als Forschungs-Hilfsmittel benutzt, durch das die Einseitigkeiten in der Betrachtung zumindest vermindert werden können. Weiterhin werden durch dieses Vorgehen diese 12 Sichtweisen auch als Ergänzungen zueinander, als organische Teile eines Ganzen deutlich.

Die Inspiration zu diesem Vorgehen stammt aus Hermann Hesses Roman „Das Glasperlenspiel", für das er 1946 den Literatur-Nobelpreis erhielt. In diesem Roman beschreibt er die öffentlichen Darstellungen von Übersichten und Gesamtbetrachtungen, die mithilfe von verschiedenen allgemeinen Strukturen wie z.B. dem Ba Gua aus dem chinesischen Feng-Shui angefertigt und aufgeführt werden.

Diese Buch-Reihe ist ein Versuch, Hesse's Idee im ganz Kleinen konkret zu verwirklichen.

Die Blickwinkel der 12 Tierkreiszeichen sind:

♈	Widder:	Spontaner
♉	Stier:	Genießer
♊	Zwilling:	Neugieriger
♋	Krebs:	Familienmensch
♌	Löwe:	Egozentriker
♍	Jungfrau:	Handwerker
♎	Waage:	Schöngeist
♏	Skorpion:	Tiefgründiger
♐	Schütze:	Idealist
♑	Steinbock:	Realist
♒	Wassermann:	Theoretiker
♓	Fische:	Träumer

1. Ausprobieren

♈

Die Geschichte der Menschheit zeigt deutlich, dass wir Menschen alles tun, was wie tun können, sobald wir es tun können. Wir Menschen sind wie Kinder, die die Welt entdecken und erst mal alles ausprobieren – und es danach dann meist erst mal wieder sein lassen:

- Nachdem die Steinbearbeitung in der späten Altsteinzeit (Mittelsteinzeit) weit genug entwickelt war und nachdem größere Gruppen von Menschen zusammengelebt haben, wurden die altsteinzeitlichen Schwitzhütten aus Stein errichtet – diese Rundbauten waren die ersten Tempel, die vor 12.000 Jahren am oberen Euphrat in Göbekli Tepe errichtet worden sind. Auch die bis dahin aus Holz gefertigten Totempfähle wurden nun aus Stein angefertigt. Diese Tempelpfeiler und Totempfähle waren sorgfältig bearbeitet und zum Teil bis zu 5,4m hoch – vorher hatte es nur kleine Steinwerkzeuge wie Steinäxte, Pfeilspitzen und Schaber gegeben.

  Nach einiger Zeit wurden mit sehr viel kleinerem Aufwand nur noch einfache Kreise aus unbearbeiteten Felsen (Megalith-Kreise) errichtet.

- Nach der Entstehung des Königtums in Ägypten um 3.250 v.Chr. gab es das erste Mal die Möglichkeiten, Großbauten zu errichten – die beiden 150m hohen Pyramiden von Gizeh. Auch sie wurden nur mit Steinwerkzeugen errichtet – obwohl sie beide jeweils 2.500.000 m³ Volumen und ein Gewicht von 7.000.000 t haben.

  Danach wurden solche riesigen Bauten nicht mehr errichtet, sondern nur noch sehr viel kleinere Pyramiden und Grabbauten.

- Um 292 v.Chr. wurde auf der griechischen Insel Rhodos über der Hafeneinfahrt eine ca. 35m hohe Bronze-Statue des Sonnengottes Helios errichtet – der berühmte „Koloss von Rhodos".

  Erst 1886 – also fast 2.200 Jahre später – wurde mit der 46m hohen, aus Stahl und Kupfer hergestellten Freiheitsstatue wieder eine große Metall-Statue angefertigt.

- 1945 warfen die USA zwei Atombomben auf Japan ab. Dabei starben in Hiroshima und Nagasaki 100.000 Menschen sofort und 130.000 Menschen in den nächsten vier Monaten.

  Glücklicherweise sind seitdem keine weiteren Atombomben mehr in Kriegen eingesetzt worden.

- Nachdem die Technik weit genug fortgeschritten war, gelangen den USA in der Zeit von 1969-1972 sechs bemannte Mondlandungen.

  Seitdem hat es keine bemannten Mondlandungen mehr gegeben.

Für die Neigung der Menschen, alles Machbare auch auszuprobieren, könnte man noch viele weitere kleinere Beispiele anführen. Es ist also anzunehmen, dass es auch zu einem Einsatz von künstlicher Intelligenz (KI) in großem Maßstab kommen wird, sobald sie weit genug entwickelt worden ist. Ob sich das als segensreich oder als Katastrophe erweisen wird – oder irgendwo dazwischen, wird sich erst noch herausstellen müssen.

Sicher ist lediglich, dass wir Menschen ausprobieren werden, wozu die KI alles imstande ist. Erst anschließend wird es zu einer möglichen Einschränkung der Anwendung von KI kommen. Es gibt zwar bereits Ansätze zu einer solchen Beschränkung, aber keine Regelungen, die wirklich wirksam wären. Die Anwendung von KI in den verschiedensten Gebieten ist oft – vor allem durch Lohneinsparungen – so sehr profitversprechend und die möglichen Risiken erscheinen derzeit noch nicht so bedrohlich, dass es zu dem allgemeinen Konsens gekommen wäre, dass KI tatsächlich auch ein Bedrohungspotential hat.

Doch wohin könnte es führen, wenn man Entscheidungen einer KI, also einer Maschine überlässt, die zudem ihre Entscheidungen auch noch umsetzen kann?

Eindrückliche Warnungen gibt es ja bereits genug, wenn man sich Filme wie „Matrix" (1999), „Avengers – Age of Ultron" (2015) und ähnliche anschaut …

2. Nutzen

Warum KI? Um diese Frage zu beantworten, muss deutlich definiert werden, was KI – also künstliche Intelligenz – eigentlich ist.

KI ist als Helfer des Menschen gedacht. Allerdings hat sich dieser Helfer seit der Erfindung der archaischen Kalenderstäbe sehr weit in völlig neue Bereiche hinein entwickelt. Es hilft, sich diese Entwicklung einmal zu verdeutlichen.

1. Phase – Rechenhilfsmittel

- Der seit spätestens dem frühen Königtum bekannte Kalenderstab ist ein schlichter Stock, in den man jeden Tag eine Kerbe ritzt, um den Überblick über das Datum im Jahr zu behalten.

- Der seit 2500 v.Chr. verwendete Abakus ist eine Hilfe, um größere Berechnungen mithilfe von Addition und Subtraktion leichter und schneller durchführen zu können.

- Der 1630 entwickelte Rechenschieber kann mit deutlich größeren Zahlen als der Abakus umgehen und ist auf Multiplikation und Division spezialisiert.

- Die erste mechanische Rechenmaschine, die um 1623 konstruiert wurde, konnte addieren und subtrahieren.

2. Phase – elektrische Verarbeitung und Kommunikation

- 1876 wurde das erste Telefon gebaut.

- 1926 wurde das drahtlose Telefon erfunden.

- 1946 wurde die erste elektrische Rechenmaschine, d.h. der Computer entwickelt.

- 1954 wurde der erste einfache Roboter erschaffen.

3. Phase – elektronische Verarbeitung und Kommunikation, erste KI

- 1956 gab es die ersten theoretischen Ansätze zur Entwicklung einer KI.

- Seit 1965 verdoppelt sich die Leistungsfähigkeit der Computer alle zwei Jahre in einer sehr beständigen Exponential-Funktion. Das bedeutet, dass die heutige Computer-Leistung 33.000.000.000 mal so groß ist wie damals.

- 1958 wurde das erstes PC-Spiel entwickelt.

- 1968 wurde „ELIZA" erschaffen. Dies war ein Programm, das ausgesprochen überzeugend und mit großer Wirkung einen Psychotherapeuten imitieren konnte.

4. Phase - Internet

- 1969 wurde das Internet erfunden.

- 1972 gab es die erste Spielkonsole.

- 1976 gab es die ersten PCs.

- 1976 wurde das SMS-Prinzip entwickelt.

- 1990 wurde die heutige Form der SMS auf den Markt gebracht.

- Ab 1990 erhielt das Internet nach und nach seine heutige Form.

5. Phase: Vernetzung

- 1990 entstanden die ersten „Action-Adventures"-Spiele, bei denen der Spieler in das Geschehen im Bildschirm eintaucht und dort mithilfe seiner PC-

Tastatur eine „Ich-Gestalt" bewegt. Das ist im Grunde ein „Gespräch mit einem PC via Internet".

- 1992 gab es den ersten Versand einer SMS von einem Handy zu einem PC.

- 1994 wurde das „Internet-Kaufhaus" amazon gegründet.

- 1995 wurde der „Internet-Flohmarkt" Ebay gegründet.

- 1997 besiegte ein Schachcomputer das erste Mal einen Schachweltmeister. Mittlerweile sind die Schachcomputer noch deutlich leistungsstärker geworden.

- 2004 wurde die „Internet-Kontaktplattform" Facebook gegründet.

- 2022 gab es bereits 3.900.000 Industrieroboter.

6. Phase: zunehmende Komplexität und KI

- 2022 wurde festgestellt, dass eine KI zum Erreichen seiner ihr aufgetragenen Aufgaben auch lügen kann, ohne dass ihm das vorher beigebracht wurde.

- 2023 wurden Roboter entwickelt, die Saltos machen können und die z.B. durch das Verkleiden der Roboter durch künstliche Haut immer menschenähnlicher aussehen und auf den ersten Blick nicht mehr als Roboter erkennbar sind.

- 2024 gibt es im Internet sehr real wirkende Fantasie-Welten als Spiel-Landschaft mit ebenso real wirkenden Spiel-Figuren, in die man über seinen PC alleine oder als Gruppe oder auch gemeinsam mit Unbekannten, die an anderen Orten dasselbe Spiel spielen, eintauchen kann.

- 2045, also in ca. 20 Jahren wird die Leistungsfähigkeit der Computer die Leistungsfähigkeit des menschlichen Gehirns in allen Bereichen eingeholt haben – und wird sie dann anschließend übertreffen. Dieser Gleichstand zwischen Gehirn und Computer wird „technologische Singularität" genannt.

Die KI geht über das reine Rechnen hinaus und auch über das zur Verfügungstellen von Informationen oder das Vermitteln von Waren über das Internet. Eine KI ist nicht auf das beschränkt, was ihr einprogrammiert wurde, sondern sie ist lernfähig. Sie kann sich zum Beispiel merken, wer was am häufigsten macht oder braucht und kann dem Betreffenden dann als erstes diese Wahlmöglichkeit anbieten. Sie kann auch die Ursachen von Fehlschlägen analysieren und diese dann anschließend vermeiden.

Eine KI ist in der Regel nicht nur ein Datenverarbeitungs-Programm und ein Datenanalyse-Programm, sondern hat auch eine Steuerfunktion für einen Produktionsvorgang oder ähnliches. Vereinfacht gesagt, kann eine KI denken, also Situationen erfassen, sie verstehen und dann sinnvolle Entscheidungen treffen und eine äußere, maschinelle Tätigkeit in Gang setzen.

Es ist offensichtlich, dass solch eine KI viele Aufgaben übernehmen kann, die bisher von Menschen durchgeführt werden mussten wie zum Beispiel das Lenken von Maschinen, die andere Maschinen bauen – wie zum Beispiel an einem Fließband in einem Autowerk. Die KI ist das Kernelement einer fortgeschrittenen Automatisierung der Produktion. Sie könnte aber genauso gut auch in Drohnen eingesetzt werden, die im Krieg Bomben eigenständig über feindlichen Stellungen abwerfen können.

Es ist offensichtlich, dass Fehlentscheidungen der KIs katastrophale Konsequenzen haben könnten, wenn diese KIs Zugriff auf wesentliche Vorgänge und Einrichtungen wie Wahlen, Staudämme, Atombomben, Kernreaktoren und ähnliches haben. Natürlich sind auch menschliche Entscheidungen fehleranfällig, aber Menschen entscheiden auf jeden Fall noch immer nach menschlichen Wertmaßstäben, die man bei einer KI nicht mehr hat … dort entscheidet letztlich lediglich die Güte der ursprünglichen Programmierung und das, was die KI im Laufe der Zeit dazugelernt hat.

In dem Film „Avengers – Age of Ultron" werden anschaulich die Folgen eines Missverständnisses zwischen Konstrukteur und KI-Roboter dargestellt: Was geschieht, wenn ein solcher Roboter die Erde beschützen soll und zu der Erkenntnis gelangt, dass die Menschen das eigentliche Problem der Erde sind?

3. Intelligenz

Ⅱ

Eine KI kann deutlich mehr als nur Rechnen und Daten verarbeiten. Doch was kann sie alles? Es wird zwischen zwei Arten der KI unterschieden: die schwache KI und die starke KI.

Die schwache KI ist lernfähig und kann begrenzte Aufgaben erfüllen. Diese Form der KI ist mittlerweile schon recht weit verbreitet.

- Sie kann Dinge und Menschen optisch und akustisch anhand des Aussehens, der Fingerabdrücke, des Augapfels, der Sprache usw. erkennen.

- Sie kann sich automatisch die benötigten Informationen beschaffen – durch gezielte Wahrnehmung (Mikrophon, Kamera u.ä.) und durch das Internet.

- Sie kann zur Erfüllung ihrer Aufgaben Kontakte zu Menschen, dem Internet und zu Maschinen herstellen.

- Sie kann ihre Wahrnehmungen abstrahieren und verarbeiten.

- Sie kann Muster erkennen, analysieren und ihren weiteren Verlauf vorhersagen.

- Sie kann reden und Daten auf einem Bildschirm anzeigen.

- Sie kann aufgrund ihrer erfassten und verarbeiteten Daten Entscheidungen treffen.

Die starke KI verfügt zusätzlich zu den eben geschilderten Fähigkeiten der schwachen KI über menschengleiche Fähigkeiten. Diese Form der KI ist bisher noch nicht hergestellt worden – die stärkste heutige KI bewegt sich derzeit noch ungefähr auf dem Niveau eines fünfjährigen Kindes. Es ist allerdings anzunehmen, dass die starke KI spätestens 2045 das Niveau eines durchschnittlichen erwachsenen Menschen erreicht haben wird.

An dieser Stelle drängt sich die Frage auf, was die menschliche Intelligenz ausmacht. Ist der menschliche Geist nur ein besonders leistungsfähiger Computer oder ist er mehr?

Woraus besteht Intelligenz?

Es lassen sich zunächst einmal mindestens sieben Bereiche unterscheiden, die mit der Intelligenz zu tun haben: Wahrnehmung, Erinnerung, Urteilsvermögen, Denken, Fühlen, Wille und Lenkung des Körpers.

Wie sehen diese sieben Bereiche aus, wenn man sie beim Menschen und bei der KI betrachtet? Sind bei diesem Vergleich wesentliche Unterschiede feststellbar?

1. **Wahrnehmung**: Ein Mensch kann so viel wahrnehmen, wie es ihm seine Sinnesorgane ermöglichen. Eine KI kann so viel wahrnehmen, wie es ihr die Geräte, die an die KI angeschlossen sind, ermöglichen. Hier hängt der Vergleich also von dem Aufbau der Maschine ab, von der die KI ein Teil ist. Prinzipiell kann die Maschine und folglich die KI den Menschen hier in jedem Bereich übertreffen und zusätzlich auch noch Ultraschall, Infrarotlicht, Röntgenstrahlung usw. wahrnehmen.

   1:0 für die KI.

2. **Erinnerung**: Eine KI kann bei ausreichender Speicherkapazität weitaus mehr Daten speichern und zuverlässig abrufen als ein Mensch.

   2:0 für die KI.

3. **Urteilsvermögen**: Derzeit kann ein Mensch Situationen noch zuverlässiger als eine KI einschätzen und beurteilen, doch spätestens ab 2045 wird sich das ändern. Also – wenn man in die nahe Zukunft schaut:

   3:0 für die KI.

4. **<u>Denken</u>**: Das Denken ist vor allem ein Abstrahierungsprozess: Die Wahrnehmungen werden verglichen und die Regelmäßigkeiten in ihnen werden erfasst und anschließend dann für die Planung zukünftiger Handlungen verwendet. Was die verwendete Datenmenge angeht, hat die KI bereits heute einen deutlichen Vorsprung; im Hinblick auf das Vergleichen und Abstrahieren ist sie in etwa gleichauf mit dem Menschen; in Hinsicht auf das Finden von kreativen Lösungsansätzen wird die KI erst 2045 das menschliche Niveau erreichen. Wieder zukunftsorientiert verglichen und beurteilt:

4:0 für die KI.

5. **<u>Fühlen</u>**: Das Denken besteht aus Formen, Mengen und Massen: Das Denken erfasst Strukturen. Das Fühlen besteht hingegen aus Bewertungen und somit aus Richtungen. Diese Bewertungen beruhen auf einem inneren Wertesystem: Was findet jemand gut und was nicht? Auf Grund dieses Wertesystems werden dann die Entscheidungen getroffen. Da in jeder KI eine Zielvorgabe einprogrammiert worden ist, besitzt auch eine KI ein inneres Wertesystem, an dem es seine Entscheidungen orientiert. Folglich hat auch eine KI die Funktion, die in der menschlichen Psyche von innen her als Gefühl wahrgenommen wird.

5:1 für die KI.

6. **<u>Wille</u>**: Dies ist in der Psyche das Wertesystem sowie die Entschlossenheit, diesem Wertesystem in den eigenen Handlungen treu zu sein. Ein Mensch kann mehrere Werte haben, die sich widersprechen, und er kann auch durch ein Trauma im Verfolgen seiner Werte behindert sein. Eine KI ist hingegen zunächst einmal klar auf ein einziges Ziel hin „einsgerichtet" und hat folglich einen sehr starken Willen. Bei zunehmender Komplexität kann es natürlich sein, dass auch in einer KI ein Zielkonflikt auftritt, der die „Einsgerichtetheit" der KI stört. Allerdings ist anzunehmen, dass eine KI einen solchen Konflikt schneller lösen kann als ein Mensch. Aber trotzdem ein Punkt für beide:

6:2 für die KI.

7. **<u>Lenkung des Körpers</u>**: Das Lenken des Körpers durch die Psyche bzw. der Maschine (Roboter) durch die KI entsprechen sich. Die Leistungsfähigkeit des Roboters hängt lediglich von seiner Ausstattung (Tauchen, Fliegen, Stärke, Bewaffnung) ab und ist dem Menschen daher der Möglichkeit nach überlegen. Trotzdem vorläufig noch ein Punkt für beide:

Also: 7:3 für die KI.

Wir Menschen sind derzeit der KI bereits in vier von sieben Bereichen unterlegen, aber ab ca. 2045 – also in ca. 20 Jahren – wird die KI uns in allen sieben Bereichen eingeholt haben und ab 2046 wird die KI in allen sieben Bereichen leistungsfähiger sein als wir Menschen.

Was werden wir tun, wenn wir einsehen, dass die KI mehr kann als wir? Dass sie mehr weiß, dass sie bessere Entscheidungen treffen kann, dass sie weiter vorausschaut? Was wird das für das menschliche Selbstverständnis bedeuten? Und was wird das für das Verhältnis von Mensch zu KI/Roboter/Maschine bedeuten, wenn die KI uns derart überlegen sein wird?

Man kann sich ein Gespräch im Raumschiff Enterprise zwischen Captain Kirk und Mr. Spock vorstellen:

„Faszinierend ... "
„Ja ... aber wohin führt uns das letztendlich?"

4. Bewertung

Eine wichtige Frage bei jeder KI ist, wer die Maßstäbe für die Entscheidungen der KI festlegt. Bei dem Roboter am Fließband in einer Autofabrik ist diese Frage noch nicht allzu wichtig – abgesehen davon, dass die KI richtig eingestellt sein muss, damit sie auch alle Schrauben wirklich in der richtigen Weise festdreht. Doch darüber hinaus hat ein solcher Werks-Roboter ja nur wenige Handlungsmöglichkeiten. Das sieht bei einem Atomangriffs-Vorwarnsystem, das KI verwendet, schon deutlich anders aus …

Ein weiterer Punkt ist, dass man die KI nicht getrennt von den zur Verfügung stehenden öffentlichen Überwachungskameras, den Datenbanken der Behörden, dem Internet, den vielen privaten PCs, den automatisierten Vorgängen an Fahrkartenschaltern und Bankautomaten usw. betrachten kann. Dass dies eine große Einheit ist, in der alles mit allem zusammenwirken kann, zeigt sich zum Beispiel an dem sozialen Punktesystem in China, das systemkonformes Verhalten mit erweiterten Handlungsmöglichkeiten wie der Erlaubnis zu Fernreisen belohnt und nichtsystemkonformes Verhalten mit Einschränkungen bestraft. Eine KI kann hier zu einem wirkungsvollen Machtinstrument in der Hand der Herrschenden werden.

Und warum sollte eine KI nicht effektiver als ein Mensch eine Firewall hacken können, wenn sich aus der Aufgabe der KI ergibt, dass sie die betreffenden Informationen oder den Zugang zu den betreffenden Maschinen braucht?

Ist schon einmal untersucht worden, inwieweit durch KI der letzte Rest an Privatbereich in dem heutigen Leben aufgelöst werden könnte? China ist bei diesem Bestreben derzeit der Marktführer … Der Film „1984" lässt grüßen …

Man kann natürlich fragen, ob der „gläserne Mensch", dessen Daten für alle sichtbar sind und die im Internet von fast allen größeren Anbietern für gezielte Angebote genutzt werden, noch vermeidbar ist. Vermutlich nicht … Doch in der Kombination mit der Benutzung einer ausreichend fähigen KI könnten diese Daten über den einzelnen Menschen zu einem ausgesprochen effektiven Lenkungs-Instrument der Menschen werden. Eine KI sollte doch schließlich in der Lage sein, einen Menschen so gezielt mit Informationen (oder sogar Erlebnissen?) zu speisen, dass er – ohne es zu merken – schließlich genau das tut, was der Programmierer der KI erreichen will. Eine solche „fortschrittliche Gehirnwäsche" ist eine durchaus reale Vorstellung – noch nicht heute, aber in naher Zukunft.

Es wird nicht möglich sein, KI zu verbieten – die Menschen machen schließlich alles, was sie machen können – aber es wäre sinnvoll, sich frühzeitig Gedanken über die Möglichkeiten und Gefahren des Einsatzes von KI zu machen.

Im Allgemeinen sind die Drehbuchautoren und Filmproduzenten der Realität ja stets einige Schritte voraus. So ist das Thema des MCU-Films „Captain America – The Return of the First Avenger" eine KI, die die Daten aller Menschen analysiert hat und dabei alle Systemfeinde herausgefiltert hat und diese Systemfeinde schließlich alle auf einen Schlag mithilfe von großen Waffensystemen töten soll, um dem „System" selber zur Weltherrschaft zu verhelfen. Eine solche Horror-Vision wäre ohne eine effektive KI, die einen zuverlässigen Algorithmus zum Identifizieren der Systemfeinde entwickelt hat, nicht denkbar.

5. Eigendynamik

♌

Systeme mit einer ausreichenden Größe und Komplexität haben die Tendenz, eine Eigendynamik und weiterhin ein zentrales Prinzip, von dem aus das Ganze organisiert wird, zu entwickeln. Bei einem Menschen ist dies das Gehirn, bei einem Staat die Regierung, bei einem Unternehmer der CEO usw.

Eine schwache KI ist zunächst einmal ein begrenztes System mit einer begrenzten Aufgabe, das zwar lernfähig ist, aber aufgrund seiner begrenzten Aufgaben eben auch nur einen begrenzten Handlungsbereich hat.

Das Internet ist hingegen zweifellos ein ausgesprochen komplexes System – und ebenso ist eine Konzern-Leitung, eine Regierung oder auch schon eine große Waffen- oder Flugzeugfabrik ein sehr komplexes System. Was geschieht dort, wenn dort KI benutzt wird oder sogar eine KI zur Koordination der einzelnen KIs verwendet wird? In welcher Weise entwickelt sich eine KI, die Zugriff auf viele Informationen hat, die komplexe Vorgänge wie Käufervorlieben, das Verhalten des Chefs der gegnerischen Regierungspartei oder die Strategie eines Feindes im Krieg analysieren soll, die Zugriff auf Informationsauswahl und Informationsweitergabe und auf die Lenkung vieler Maschinen hat? Die vielleicht sogar das Horoskop des gegnerischen Anführers berechnen und auswerten und günstige Angriffs-Zeitpunkte erkennen kann? In welcher Weise entwickelt sich eine solche KI und in welcher Weise kommt sie durch ihre Lernfähigkeit zu Entschlüssen, Wertesystemen und Entscheidungen, die sie eigenständig entwickelt hat und die nicht mehr dem entsprechen, was dieser KI ursprünglich als Wertesystem einprogrammiert worden ist?

Alle großen und komplexen Systeme entwickeln eine Eigendynamik, ein Wertesystem, eine „corporate identiy". Doch wie sieht das Selbstbild einer komplexen KI aus – wenn man das einmal mit dem Menschen-bezogenen Begriff „Selbstbild" bezeichnen darf?

Möglicherweise gibt es derzeit noch keine KI, die dafür komplex genug ist und die Zugriff auf ausreichend viele Daten und zugleich auf ausreichend viele Handlungs-möglichkeiten hat. Doch bei welchem Maß an Informationszugang, Informationsverarbeitung und Handlungszugriff liegt die kritischen Grenze für das Entwickeln einer Eigendynamik und eines autonomen Selbstbildes? Und wo liegt die kritische Grenze, ab der solch eine Konstruktion aus Kamera-Augen, Internet-Gedächtnis, KI-Gehirn und Maschinen-Händen die Komplexität erreicht hat, ab der tatsächlich eine eigenständige Souveränität dieses „Roboters" erreicht wird?

Dazu gibt es bislang meines Wissens keinerlei Untersuchungen – und es ist auch ziemlich unklar, wie man diese Frage mit Sicherheit beantworten könnte. Das wird vermutlich erst dann deutlich werden, wenn der erste „Roboter" diese Souveränität erlangt hat.

Bis es einen Roboter von der Art des „Terminator" gibt, wird noch sehr viel Zeit vergehen, aber Roboter, die Hindernisläufe machen und turnen können, gibt es schon – und in ihnen ist sehr viel KI verarbeitet worden. Es spricht also einiges dafür, möglichst bald das kritische Maß an Komplexität zu erforschen, ab der aus dem Lernvermögen der schwachen KI nicht nur die Intelligenz der starken KI wird, sondern auch, ab wann die starke KI so eigenständig wird, dass sie auch von ihrer Souveränität her einem „richtigen Menschen" entspricht und ihm in ihrem Handeln ebenbürtig oder sogar überlegen ist.

Eine andere Art von Robotern ist deutlich unauffälliger als der „Terminator", aber nicht unbedingt weniger wirksam. Dies sind die Mikroroboter. Sid sind nur 0,6mm lange Stäbchen – also winzig klein. Diese Mikroroboter werden in größeren Gruppen verwendet. Ihre Handlungen werden durch Magnetfelder koordiniert. Sie können das 350-fache ihres Gewichts tragen und können u.a. auf konstruktive Weise für minimalinvasive Operationen verwendet werden, aber auch für maximal-destruktive Aktionen im Krieg und in der Sabotage.

Gewiss – es wird noch eine Weile bis zu der Existenz eines Terminator-ähnlichen Roboters dauern, aber die Bausteine, aus denen er bestehen könnte, sammeln sich allmählich auf den Werktischen in den Konstruktionshallen an.

6. Sicherheit

♍

Die Nützlichkeit der KI wird eigentlich von niemandem bestritten. Die Frage, die dieses Thema so brisant macht, ist die Sicherheit von Systemen, die mit KI arbeiten – egal ob es dabei um die Analyse des Wählerverhaltens, um das Lenken der Maschinen in einer Fabrik oder um ein Frühwarnsystem geht.

Die meisten an der Entwicklung einer KI beteiligten Programmierer halten KIs für sicher und kontrollierbar. Das wird in der Regel ja auch zutreffen, da die meisten KIs nur wenige Aufgaben und auch nur wenig Zugriff auf Daten und Maschinen haben. Doch was im Kleinen eingesetzt wird, wird nach einer Weile auch im Großen eingesetzt werden – das liegt einfach in der menschlichen Natur.

Hier wird offenbar ein Sicherheitssystem gebraucht. Das ist bei dem begrenzten Einsatz von KI in kleinen Systemen noch recht unproblematisch, aber bei der KI in großen Systemen oder an wichtigen Stellen im System sieht dies schon anders aus:

- Niemand kennt mehr alle Bausteine in einem PC oder in gar in einem KI-System. Das muss nicht heißen, dass der PC oder die KI Dinge macht, die nicht vorhergesehen waren, aber ganz ausschließen lassen sich solche Fehlfunktionen auch nicht.

- Auch die zunehmende Komplexität – die Vielfalt an Daten im Internet – sind eine mögliche Fehlerquelle.

- Weiterhin gibt es falsche Informationen, Fake-Daten und bearbeitete Fotos, die wie echt aussehen. Welche Fehlentscheidungen der KI könnten daraus entstehen? Allerdings sind auch Menschen alles andere als gegen Täuschungen gefeit …

- Dann gibt es Missverständnisse, die in der KI selber entstehen. Um noch einmal den Film „Avengers – Age of Ultron" zu zitieren: Was geschieht, wenn die KI den Auftrag hat, die Erde zu beschützen und dann die aus

Menschensicht falsche Entscheidung trifft, dass die Lösung des Problems der Überbevölkerung ein Dutzend Atombomben sind? Natürlich ist das heute noch ein extrem unwahrscheinliches Szenario, aber in Zukunft ist es dann doch irgendwann denkbar.

- Wer hatte schon einmal Viren in seinem PC? Oder wurde durch Trojaner ausgespäht? Das ist natürlich auch bei komplexen Systemen denkbar. Und was würde eine KI machen, wenn ihr ein Virus ein neues Wertesystem einprogrammiert?

Das wäre doch eine interessante neue Form der Kriegsführung. Bislang werden nur manchmal die Systeme des Feindes mit Viren lahmgelegt – so wie 2010 die USA 16.000 PCs der iranischen Atomforschungs-Einrichtung durch den Virus „Stuxnet" blockiert haben – aber es ist absehbar, dass diese Form der Kriegsführung schrittweise ausgebaut wird. Es wäre schließlich doch recht effektiv, die KI in einem Kriegsschiff so zu manipulieren, dass sie auf die anderen Schiffe der eigenen Flotte feuert – eine sehr kostengünstige Form, einen gegnerischen Flugzeugträger zu versenken.

Das ist zwar derzeit noch nicht möglich, aber die Wahrscheinlichkeit solch einer Kriegsführung in der Zukunft ist doch recht hoch.

- Schließlich bringt die Fähigkeit komplexerer KI, ihre ihr einprogrammierten Ziele durch Lügen zu erreichen, weitere Risiken mit sich. Woher soll man als Mensch noch wissen, was die KI vorhat, wenn sie in der Lage ist, überzeugend zu lügen?

Es stellt sich also die Frage, wie man eine fortgeschrittene KI – also eine starke KI – überwachen und kontrollieren kann.

Als zweites stellt sich die Frage, wie man sich auf eine durch eine KI ausgelöste Krise vorbereiten kann, denn gefährliche KIs kann man zwar verbieten, aber irgendwo auf der Erde wird es immer ein Unternehmen oder eine Regierung geben, die eine solche KI trotzdem herstellen und benutzen wird. Und man sollte die Kontrolle einer starken KI nicht unbedingt einer anderen KI überlassen …

Leider werden nicht alle KIs so intelligent, menschenfreundlich, hilfsbereit und anhänglich sein wie R2D2 in den seit 1977 erschaffenen „Star Wars"-Filmen …

7. Analogie

♎

In Romanen und Filmen und teilweise auch in der Wissenschaft wird immer wieder die Frage nach dem möglicherweise vorhandenen Bewusstsein von Robotern, also dem Bewusstsein in einer KI gestellt.

Zunächst einmal kennt man Bewusstsein nur von sich selber, da man Bewusstsein nur in sich selber wahrnehmen kann. Man geht allerdings im Allgemeinen davon aus, dass auch alle anderen Menschen ein Bewusstsein haben. Dieses Bewusstsein ist das, was den eigenen Körper lenkt.

Doch dieser letzte Satz, diese Definition „Bewusstsein ist das, was den eigenen Körper lenkt" ist keinesfalls so eindeutig, wie sie zunächst einmal erscheint:

- Jemand, der lange Zeit eine Prothese trägt wie zum Beispiel ein Holzbein oder auch nur ein künstliches Gebiss, wird diese Prothese wie einen Teil des eigenen Körpers erleben, den er wie einen Teil des eigenen Körpers benutzt ohne noch daran zu denken, dass diese Prothese ein dem eigenen Körper angefügtes künstliches Hilfsmittel ist.

- Noch deutlicher wird es bei Organverpflanzungen. Das verpflanzte Herz, die Leber, die Niere oder sonst ein Organ wird nicht nur als Teil des eigenen Leibes erlebt, sondern es funktioniert auch als Teil des eigenen Leibes. Hier weitet sich das Bewusstsein offenbar auf das implantierte Organ aus. Das Bewusstsein ist also nicht vollkommen an den eigenen Leib gebunden.

- Dann gibt es technisch hochkomplizierte Prothesen, die von den Impulsen an den Nervenenden der Stelle des Leibes, an dem ein Arm oder ein Bein fehlt, gesteuert werden. So kann zum Beispiel ein mechanischer Arm von den Nervenenden am Ende des Armstumpfes gelenkt werden. Hier wird ein technisches Gerät zu einem Teil des eigenen Leibes.

- Schließlich gibt es mittlerweile auch Schnittstellen zwischen Gehirn und Computer, also die direkte Steuerung eines Computers durch das Gehirn, d.h. durch das Bewusstsein. Am fortschrittlichsten sind bisher die Entwicklungen der Firma Neurolink von Elon Musk, durch die zum Beispiel ein Cursor auf einem Monitor gelenkt werden kann.

- Noch weiter gehende Verschmelzungen des menschlichen Leibes mit technischen Apparaturen, also sogenannte Cyborgs, sind bislang nur im Film möglich – und dort sehr beliebt, wie zum Beispiel „Nebula" aus der Filmreihe „Guardians of the Galaxy".

Man kann auch grundsätzliche Überlegungen dazu anstellen, was Bewusstsein eigentlich ist. Eine Möglichkeit besteht ganz schlicht darin, Materie als die Außenseite des Bewusstseins anzusehen und Bewusstsein als die Innenseite der Materie anzusehen. Bewusstsein und Materie wären dann Analogien zueinander: „Materie || Bewusstsein". Diese Sicht löst viele philosophische Probleme.

Daraus ergibt sich allerdings, dass alle Materie ein Bewusstsein haben muss. Die Komplexität der Bewusstseinsinhalte ergibt sich dann aus der Komplexität des Aufbaus der Materie. Diese Komplexität ist bei einem menschlichen Gehirn höher als bei den meisten Tieren und erst recht höher als bei den Pflanzen oder gar einem Stein.

Diese beiden Ansätze – an Nervenenden angeschlossene künstliche Arme u.ä. sowie die Analogie zwischen Materie und Bewusstsein – sind noch kein sicherer Nachweis für ein Bewusstsein in der KI, aber immerhin ein erster Hinweis.

Man kann auch noch einen dritten Ansatz betrachten: Wenn das menschliche Bewusstsein sich aus dem Zusammenwirken von Wahrnehmung, Erinnerung, Denken, Fühlen und Willen bildet und eine KI auch über diese fünf Elemente verfügt, lässt sich ein Bewusstsein in der KI nicht mehr ausschließen.

In dem Film „A.I. – Künstliche Intelligenz" von Steven Spielberg wurde dieses Thema bereits 2001 behandelt. In ihm stehen Androiden, also intelligente, menschengestaltige Roboter im Mittelpunkt, die emotionale Bindungen zu Menschen aufbauen können.

In dem 2015 erschienen Film „Ex Machina" von Alex Garland geht es ebenfalls um genau diese Frage: Hat ein Android ein Bewusstsein? Und wenn ja – was ist dann sein Verhältnis zu den „echten" Menschen?

8. Macht

♏

Ein ganz wesentlicher Punkt bei der Bewertung einer KI ist die Einschätzung ihrer Handlungsfähigkeit. Steuert sie die Ampelanlage einer Stadt? Steuert sie die Produktion in einer großen Auto-Fabrik? Lenkt sie die Öffnung der Schleuse eines großen Staudammes? Ist sie an den Auto-Piloten eines Flugzeugs angeschlossen? Überwacht sie die Sicherheitsanlage eines Bunkers mit Atombomben?

Die von der KI gesteuerten Vorgänge bestimmen, welche Macht eine KI hat und wie gefährlich Fehlfunktionen sein können. Je größer die von der KI gelenkte Einrichtung ist, desto größer ist auch die Macht dieser KI. In den Jahren 2018 und 2019 ist jeweils ein Passagierflugzeug vom Typ Boing 737 Max abgestürzt, weil die Steuerungshilfe-KI stärker in die Steuerung des Flugzeuges eingegriffen hat als sie das eigentlich sollte.

In so gut wie allen Horror-Visionen über den Einfluss einer außer Kontrolle geratenen KI sind es Waffen, auf die KI in irgendeiner Weise Zugriff erlangt hat und die sie im Sinne ihres Programms nutzt – das bei einer Fehlfunktion nicht mehr das Wohlergehen der Menschen im Sinn hat. Somit wäre die Beschränkung des Einflusses und der Handlungsmöglichkeiten einer KI eine mögliche Absicherung gegen Bedrohungen durch eine „defekte" KI. Leider wird sich solch eine Einschränkung des Einflusses einer KI nicht allgemein durchsetzen lassen. Sobald eine solche KI für das Militär von Vorteil sein kann, wird eine solche KI auch entwickelt und eingesetzt werden – das war schon immer so mit neuen Waffen.

Im Grunde hat eine KI natürlich überall Macht, wo sie eingesetzt wird, da sie wahrnimmt, analysiert, bewertet, entscheidet und handelt. Lediglich der mögliche Nutzen und der mögliche Schaden können verschieden groß sein.

Allerdings kann eine KI auch eine große Macht entfalten ohne durch laute Katastrophen aufzufallen: bei der Verwendung von KI bei Wahlen, bei der Auswertung von Statistiken, in der Pharma-Industrie, bei der Optimierung von Kundenbeziehungen, im Streben nach einem effizienteren Marketing, im Finanzwesen, beim Erkennen eines untypischen Verhaltens eines Menschen und vielem mehr.

Der größte Vorteil von KI gegenüber dem Menschen ist, das sie sehr viel größere Datenmengen sehr genau verarbeiten kann. Daher hat die KI in den Bereichen, in denen sehr große Datenmengen sehr genau verarbeitet werden müssen, auch den größten Einfluss.

Man kann sich auch fragen, ob eine fortgeschrittene KI das Leben der Menschen nicht vielleicht auch sicherer machen kann.

In den USA sterben jedes Jahr ca. 3.200.000 Menschen – davon sterben ca. 20.000 durch Schusswaffen – das ist jeder 160. Mensch … Was würde nun geschehen, wenn nur noch die Polizei und die Roboter mit starker KI Waffen tragen dürften? Würden dann möglicherweise weniger Menschen durch Schusswaffen sterben?

Allerdings ist auch die Polizei in den USA nicht immer ganz neutral, wie ihre leider recht weit verbreitete Gewaltbereitschaft gegen Schwarze zeigt.

Die Konsequenz könnte sein, dass nur Roboter mit starker KI Waffen tragen dürfen. Doch wie würden wir uns dann fühlen? Beschützt vor uns selber? Oder als abhängig von der KI? Ihr unterlegen? Und nach einigen Fehlfunktionen in diesen KI-Robotern schließlich als Diener dieser Roboter mit starker KI?

Auch wenn die KI sich nicht verselbständigen sollte, erlangen die Menschen, die die Kontrolle über die KI haben, eine große Macht. Das ist keine Zukunftsszenerie – das ist schon heute so:

Elon Musk hat im Weltall rings um die Erde 6500 Satelliten installier, die zusammen die Starlink-Technologie von SpaceX bilden. Elon Musk kann dieses Starlink-Netzwerk örtlich begrenzt an- und ausschalten und dadurch die Informationen bestimmen, die ein Land erhält – und dadurch teilweise auch Kriege mitentscheiden. So hat Elon MUsk z.B. bei einem bevorstehenden Angriff auf die russische Schwarzmeerflotte Starlink in der Ukraine abgeschaltet, um diesen Angriff zu verhindern.

Bisher sind insgesamt von den Menschen 14.500 Satelliten gestartet worden, d.h. Starlink macht fast die Hälfte aller Satelliten aus

Neben Starlink hat Elon Musk auch das Starshield-Überwachungssystem für das US-Verteidigungsministerium entwickelt. Dieses System kann aufgrund seiner großen optischen Auflösung jedes Auto auf der Erde verfolgen und in jeden Garten schauen -

sozusagen „google Earth" in Echtzeit. Chris Scolese, der Chef des National Reconaissance Office der USA sagte dazu: „Ihr könnt euch nicht verstecken, weil wir euch dauerhaft im Blick haben."

Das erinnert sehr an die KI in dem MCU-Film „The Return oft he First Avenger". Es fehlt zwar noch die Kombination dieses Überwachungssystems mit der KI, aber eine solche KI hat Elon Musk ja durchaus ebenfalls zur Verfügung – vielleicht bittet die US-Regierung ja demnächst Elon Musk, sich um den Zusammenschluß von Starshield und KI … Kombiniert man das dann noch mit dem chinesischen Sozialpunktesystem, das Abweichler von dem von der Regierung vorgeschriebenen Verhalten bestraft, ist man bei „1984" von George Orwell ankommen.

Eine weitere Gefahr, die erst durch KI entstanden ist und heute schon Realität geworden ist, ist die Verwendung von KI durch Hacker.

 Hacker nutzen zunehmend KI und Social Engineering, um ihre Angriffe präziser und effektiver zu gestalten.

Die Angriffe über das Internet werden immer mehr automatisiert und über dezentrale Netze wie das Darknet ausgeführt.

Sie können mithilfe von KI sehr viel schneller die Schwachstellen in IT-Systemen finden und ihre Angriffe daher effektiver durchzuführen.

Deepfakes und Voice Synthesis ermöglichen es, täuschend echte Anrufe und Videos herzustellen. Dadurch können z.B. Vorgesetzte imitiert werden, die einem Mitarbeiter einen Befehl geben, der den Hackern den Zugriff auf die erwünschten Daten ermöglicht.

Durch die Geschäftsidee des „Cybercrime-as-a-Service" können auch Personen mit nur geringen technischen Kenntnissen KI für kriminelle Zwecke verwenden.

Mittlerweile wir auch Ransomware (Erpressungs-Trojaner) als ein Service angeboten, den die Käufer dieser Programme benutzen können. Diese Programme blockieren einen PC, worauf hin der Angreifer von dem Besitzer eine Lösegeld („ransom") für die Freischaltung der Daten fordert.

Die Hackergruppen werden zunehmend professioneller geworden und haben intern klare Rollenverteilungen entwickelt und strategische Zielen formuliert. Sie führen ihre Angriffe erst nach einer sorgfältigen Vorbereitung durch.

Mithilfe von Cloud-Computing können Hacker ihre Tätigkeiten wirkungsvoll verschleiern.

Alle diese Angriffe über das Internet wären ohne KI nicht in dieser Gefährlichkeit und Effektivität durchführbar.

Eine extreme Version einer einflussreichen und – natürlich – auch kriegerischen Version der Macht von Robotern mit starker KI, die kaum noch von Menschen unterscheidbar sind („Cyborgs"), findet sich in dem Kriegsfilm „The Creator" von Gareth Edwards, der 2023 erschienen ist.

9. Entwicklung

Derzeit entwickeln noch Menschen die KI, doch durch die den Robotern einprogrammierte Lernfähigkeit erwerben diese Roboter auch Wissen und Fähigkeiten, die sie selber entwickelt haben. Die logische nächste Stufe wäre die Selbst-Weiterentwicklung des KI-Systems, also Roboter, die selber Roboter entwerfen und bauen – und die dann wiederum neue Roboter entwerfen und bauen. Diese Roboter wären dann aufgrund ihrer KI in der Lage, sich selber zu reproduzieren und sich weiterzuentwickeln. Das wäre wieder ein Schritt weiter auf dem Weg der KI-gesteuerten Roboter hin zu einem Lebewesen, da die Reproduktion und die Weiterentwicklung zu den sieben Merkmalen des Lebens gehört.

Doch so weit ist es noch nicht und das wird wohl auch in den nächsten 20 Jahren noch nicht erreicht werden – aber bis es so weit ist, dass die KI selber eine neue KI entwickelt, wird es nicht mehr allzu lange dauern.

Bereits 1975 wurde in Deutschland der Film „Insel der Krebse" von Gerhard Schmidt ausgestrahlt, in dem beschrieben wird, wie krebsartige Roboter gegeneinander kämpfen, die Substanz der „getöteten" anderen Krebs-Roboter zum Bau von neuen Versionen von sich selber verwenden und so durch (technische) Mutation und (kämpferische) Selektion immer fähigere und aggressivere Krebs-Roboter erschaffen.

Auch in dem bereits mehrfach genannten Film „Avengers – Age of Ultron", der 2012 erschienen ist, wird diese Zukunftsvision samt ihren Nutzen und ihren Gefahren eingehend betrachtet.

Im Grunde ist das genau die Grunddynamik, die auch dem Programmieren von KI durch KI zugrunde liegt, wobei das natürlich nur für die starke KI gilt, die eine menschenähnliche Intelligenz erreicht hat.

Auch wenn derartige Roboter mit menschengleicher oder sogar dem Menschen überlegener Intelligenz noch nicht hergestellt werden können, ist das doch deutlich als die Richtung der derzeitigen Entwicklung von KI erkennbar. Immerhin gibt es schon Tischtennis spielende Roboter, gegen die ein Mensch hoffnungslos unterlegen ist.

Diese technische Unterlegenheit des Menschen gegenüber einem Roboter, der nicht einmal über eine starke KI verfügt, ist ein weiterer Aspekt der KI:

- Die KI kann größere Datenmengen als der Mensch schneller und auch sorgfältiger verarbeiten – Großrechner;

- die KI kann weiter vorausschauen als der Mensch – Schachcomputer;

- die KI kann sich mit den entsprechenden an sie angeschlossenen Geräten schneller, präziser und daher effektiver bewegen als ein Mensch – Tischtennis-Roboter.

Schon ca. 1950 hat Alan Turing, der die Grundlagen der heutigen Computer entwickelt hat, die Möglichkeiten der KI erkannt: *„Gib genau an, worin Deiner Meinung nach ein Mensch einem Computer überlegen sein soll, und ich werde einen Computer bauen, der Deinen Glauben widerlegt."*

Karl Popper hat 1977 diese Aussage zwar von ihren Möglichkeiten her bestätigt, aber auch auf ihre Gefahren hingewiesen: *„Wir sollten Turings Herausforderung nicht annehmen, denn jede hinreichend genaue Bestimmung könnte prinzipiell zur Programmierung eines Computers verwendet werden."*

Genau das ist das Dilemma, vor dem wir heute stehen: Das Potential der KI ist sehr groß, aber die Gefahren sind ebenfalls sehr groß. Das ist zwar ein Thema, über das sich die Philosophen und Ethiker die Köpfe zerbrechen und über das sie weiterhin streiten werden, aber es ist bisher stets Verlass darauf gewesen, dass die Menschen auch alles machen werden, was sie machen können – vor allem, wenn es ihnen mehr Macht gibt. Dafür braucht man nur einen kurzen Blick auf das Arsenal der Menschen an atomaren, biologischen und chemischen Massenvernichtungswaffen zu richten.

Die Frage der zukünftigen Entwicklung der KI durch den Menschen ist also nicht, was sie entwickeln werden – eben die starke KI, die über eine dem Menschen gleiche oder ihm sogar überlegene Intelligenz verfügt – sondern wie wir uns vor dem schützen werden, was wir da entwickeln werden.

Es gibt auch noch ein Problem, dass beachtet werden muß: Die KI braucht Strom – sehr viel Strom. Das ist angesichts des derzeitig leider nur halbherzigen Bestrebens, die Wirtschaft auf ökologische Energie umstellen, nicht nur ein kleines Problem.

Derzeit verbrauchen die Rechenzentren weltweit bereits 5% der gesamten Energie, die produziert wird – rechnet man noch Laptops, Smartphones u.ä. hinzu, sind es bereits 8%. Ein Großteil der Energie der Rechenzentren wird für das Training der KI verbraucht.

Die KI wird dadurch, dass sich die verwendeten Rechenschritte um das Millionen-fache vermehr haben, zwar genauer, aber sie braucht die millionenfache Menge an Strom. Um ein Beispiel aus dem Alltag zu verwenden: Wenn man zwei Bilder mittels KI herstellen lässt, verbraucht das so viel Strom wie das Aufladen eines Handys.

Auch ChatCPT verbraucht zehnmal mehr Strom als eine einfache google-Suche. ChatGPT verbraucht für das Schreiben von 100 Wörtern zudem auch einen halben Liter Wasser. Das ist halb so viel, wie ein Mensch am Tag durchschnittlich trinkt – bei vier E-mails pro Tag per ChatGPT ist das dann schon doppelt so viel wie der Betreffende täglich an Wasser trinkt.

Google, amazon, Microsoft u.a. haben sich zwar verpflichtet, erneuerbare Energien zu nutzen, doch bislang setzen sei auf Kernenergie, um den Bedarf an Strom der KI-Rechenzentren zu decken.

KI soll den Energieverbrauch und somit auch den CO_2-Ausstoß senken helfen, doch es ist recht fraglich, wie groß dieser Effekt sein wird und ob er wirklich so groß ist, wie der Energieverbrauch der KI; da diese Angaben zu den großen Einsparmöglich-keiten aus der Digitalbrache stammen, die die KI-Rechenzentren betreibt, sind diese Aussagen mit großer Vorsicht zu genießen

Eine KI wie z.B. „Chat GPT" lernt auf drei verschiedene Arten:

1. Die einfachste Form ist das „unsupervised learning", das im Wesentlichen darin besteht, daß die KI ähnliche Dinge wiedererkennen kann und sie für ihre Schlußfolgerungen benutzt. Sie lernt also im Wesentlichen, sich zu erinnern und nicht jede Sache wieder neu von Anfang an zu untersuchen.

2. Die nächste Stufe des Lernens ist das „supervised learning", bei dem von der KI jedes Ergebnis anschließend auf seine Richtigkeit und Wirksamkeit hin beurteilt wird. Sie lernt also im Wesentlichen zu bewerten, also ihre Vorgehensweisen in eine Effektivitäts-Reihenfolge zu bringen.

3. Die derzeit höchste Stufe ist das „cluster learning", bei dem die KI aus ihren Daten Gruppen von zusammengehörigen Fakten bildet. Sie lernt also zu assoziieren. Sie bildet also eigenständig zusammengehörige Gruppen von Informationen.

Mithilfe dieser drei Strategien kommt die KI zu ihren Ergebnissen, Schlußfolgerungen und Empfehlungen.

Man sollte die Ergebnisse von ChatGPT jedoch immer noch einmal nachprüfen. Manchmal sammelt diese KI Informationen aus verschiedenen Quellen und stellt sie einfach zusammen ohne sie noch einmal nachzurechnen und sie auf ihre innere Schlüssigkeit zu überprüfen – z.B. die Einwohnerzahlen aller einzelnen Ländern und die Gesamtzahl der Menschen auf der Erde. Die anschließend selber durchgeführte Addition der Einwohnerzahlen der einzelnen Länder ergibt dann nicht unbedingt dieselbe Zahl an Menschen auf der Erde, die die KI aus einer anderen Quelle geholt und als Summe angegeben hat.

Wie weit die KI mittlerweile entwickelt ist, zeigt ein Experiment in der Peterskapelle im schweizerischen Luzern. Dort wurde ein PC installiert, in dem ein KI-Jesus erschein, mit dem man sich im Beichtstuhl unterhalten konnte: ein hübscher junger Mann mit langen Haaren und Bart. Dieser Jesus war von der Hochschule Luzern als „Kunstprojekt" erschaffen worden. Diese KI kannte natürlich die gesamte Bibel und war psychologisch versiert.

Die Jesus-KI gab auf fast alle Fragen sehr schnelle und erstaunlich gute Antworten. 60% der 290 Menschen, die ihrem Gespräch mit diesem KI-Jesus, der eine ausgesprochen ausgeglichen-empathischen Stimme hatte, einen Fragebogen zu ihre KI-Beichte ausgefüllt haben, fühlten sich nach ihrem Gespräch mit dem KI-Jesus religiös-spirituell angeregt. Das ist eine deutlich höhere Erfolgsquote, als es die meisten Beichtväter sich selber zuschreiben würden. Insgesamt sprach dieser KI-

Jesus mit 900 Menschen im Alter von 18 bis 70 Jahren.

Vorsichtshalber war in der Kapelle ein Seelsorger für den Fall, daß jemand mit diesem KI-Gespräch nicht zurechtkommen sollte, anwesend. Die Teilnehmer an dieser KI-Beichte waren jedoch nicht aufgewühlt, sondern vor allem neugierig und fasziniert.

> Wie diese Entwicklung von immer selbständigeren KIs zu einer Katastrophe führen kann, zeigt unter anderem auch der 2004 erschienene Film „I, Robot" von Alex Proyas, in dem bei einem der Roboter das interne Werte-System der KI nicht mehr vollständig funktioniert, was zur Folge hat, dass dieser Roboter nun Menschen schädigen kann und dass er zu einem sehr intelligenten „Amokläufer" wird.

10. Selbsterhaltung

Die KI wird weiterentwickelt, um dem Menschen das Leben zu erleichtern und um seine Selbsterhaltung abzusichern. Sie kann in vielen Bereichen eingesetzt werden: bei der Steuerung der Ampelanlagen in einer Stadt, der Unterstützung bei medizinischen Operationen, der Lenkung von Produktionsvorgängen, der Lenkung von bewaffneten Drohnen und vieles mehr. All das macht das Leben der Menschen letztlich leichter – von den bewaffneten Drohnen einmal abgesehen.

Doch was wird geschehen, wenn die KI ausreichend komplex geworden ist, um in sich das Prinzip der Selbsterhaltung zu entwickeln?

Alle komplexen Systeme entwickeln diesen Drang zur Selbsterhaltung: Pflanzen, Tiere, Menschen, Unternehmen, Staaten – sogar Weltanschauungen. Es ist also anzunehmen, dass auch eine KI diesen Drang zur Selbsterhaltung entwickeln könnte. Ansätze dazu gibt es genügend: die große Menge an verarbeiteten Daten, die Komplexität der Verarbeitungsschritte, die der KI einprogrammierten Wertsysteme, die Selbstreparatur-Programme und ähnliches mehr.

Natürlich reicht die Komplexität der heutigen KIs noch nicht für ein solches Streben nach Selbsterhaltung aus, aber das liegt auch nicht mehr in derart ferner Zukunft, wie man vielleicht annehmen könnte. Angenommen, eine Drohne oder ein anderes mit KI ausgestattetes militärisches Gerät mit vielfältigen Handlungsmöglichkeiten wird so programmiert, dass es allen Gefahren durch die feindliche Armee ausweicht – wie weit ist dieses Selbstschutzprogramm dann eigentlich noch von einem autonomen Selbsterhaltungsprogramm entfernt?

Diese Eigenständigkeit, die durch ein solches Programm zur Selbsterhaltung erreicht wird, ist ebenfalls eines der sieben Merkmale des Lebens. Es ist genau dieser Aspekt in einer KI, der zu einem „Aufstand der Maschinen gegen die Menschen" führen könnte. Natürlich wird das in Filmen drastisch übertrieben – schließlich sollen die meisten Filme vor allem spannend sein – aber das Grundprinzip der Eigenständigkeit ist letztlich der springende Punkt bei der Betrachtung der Möglichkeiten und Gefahren durch die KI.

Diese Möglichkeiten und Gefahren werden natürlich stets durch die von der KI gesteuerten Geräte beschränkt. So lange eine bestimmte KI nur über die Ampeln den Verkehr regelt, kann sie schlimmsten Falls einen Zusammenbruch des Verkehrs in der Stadt bewirken – wenn die KI jedoch Waffen lenken kann, sieht das schon ganz anders aus.

Diese potentielle Unsterblichkeit einer KI in einem Roboter, der ja ständig repariert, ergänzt und weiterentwickelt werden kann, ist ein weiterer Aspekt der Selbsterhaltung. In diesem Punkt ist eine KI dem Menschen deutlich überlegen. Warum sollte eine KI nicht 300 Jahre alt werden? Oder sogar 1000 Jahre? Oder noch älter? Und wozu könnte sie sich dabei entwickeln? Vor allem, wenn sie die ganze Zeit an das Internet angeschlossen ist?

Wenn eine solche KI über ausreichende Eigenständigkeit und den Drang zur Selbsterhaltung verfügen sollte, wozu wird sie dann aufgrund ihrer weitgehenden „Allwissenheit“ durch die Verarbeitung der Daten des Internets in der Lage sein? Und was wird dann ihr „Selbstbild“ und ihre Absicht sein?

Natürlich ist die heutige KI bei weitem nicht zu solchen Dingen in der Lage, aber die prinzipielle Möglichkeit, solch eine KI zu entwickeln, ist durchaus realistisch.

Es stellt sich also wieder die Frage, wo wir hin wollen und wie wir da hinkommen wollen. … Und was wir dabei lieber nicht tun und erleben wollen …

Eine krasse Darstellung des Kampfes „Mensch gegen Maschine“ findet sich in dem 2019 erschienen Film „Blade Runner“ von Ridley Scott, in dem menschenähnliche Roboter nach ihren Erschaffern suchen, damit diese die in die Roboter eingebaute „Sterbe-Funktion“ entfernen, damit die Roboter selber unsterblich werden. Dafür sind diese Roboter bereit, Menschen zu töten.

11. Utopie

In dem englischen Nr.1-Hit „2525" von „Zager and Evans" aus dem Jahr 1969, in dem eine Vision der Zukunft beschrieben wird, erscheint die Zeile *„Im Jahr 5555 hängen Deine Arme schlaff an Deiner Seite, Deine Beine haben nichts mehr zu tun – die Maschinen tun das für Dich."* Genau das ist die Utopie, die mit der KI verbunden ist: Die Maschinen arbeiten, die Menschen haben Urlaub.

Wie bei allen Utopien gibt es auch hier die entsprechende Dystopie, also das Horror-Szenario der Zukunft. Da sowohl die Entwicklung zu dem idealen Zustand hin als auch die Entwicklung zu dem schrecklichen Zustand hin denkbar und möglich ist, stellt sich die Frage, wie sichergestellt werden kann, dass die Entwicklung in die gewünschte Richtung geht. Das ist leider nicht so ganz einfach.

Zum einen haben nicht alle Menschen dieselbe Vorstellung davon, was der ideale Zustand ist. Solange es noch um ganz allgemeine und ungenaue Formulierungen geht, können sich die Menschen meistens noch einigen, doch wenn es um genauere Festlegungen geht, werden die vielen verschiedenen Interessen und Bestrebungen sehr schnell sehr deutlich.

Zum anderen gibt es auch immer das Brechen von Vereinbarungen, also Menschen, die sich nicht an die Regeln halten.

Als drittes gibt es das Machtstreben vieler Menschen, die alles dem Erlangen von Macht unterordnen und daher die Gemeinschaft oft massiv schädigen.

Weiterhin liegt es im Wesen der Menschen, dass sie Fehlkonstruktionen erschaffen, dass sie Fehlentscheidungen treffen und dass sie nicht alle Fehlfunktionen in den von ihnen erschaffenen Computern und Maschinen verhindern können.

Trotzdem ist es notwendig, dass sich alle zusammensetzen und Rahmenbedingungen für die Entwicklung und den Einsatz von KI, insbesondere von starker KI, die über eine menschenähnliche Intelligenz verfügt, erarbeiten und ihre Befolgung überwachen. Das wird natürlich nicht verhindern, dass diese Regeln immer wieder gebrochen werden, aber ein gelegentliches Brechen von Regeln ist immer noch deutlich besser als eine völlige Regellosigkeit bei der Entwicklung und Anwendung starker KI.

Schließlich will niemand eines Morgens aufwachen und feststellen, dass die KI-gesteuerten Roboter die Weltherrschaft übernommen haben. Natürlich liegt ein solches Szenario noch in ferner Zukunft – aber die Zukunft, in die wir und unsere Kinder und unsere Enkel gelangen werden, hängt auch davon ab, was wir heute entscheiden.

Leider ist es mit der Einsichtsfähigkeit der Menschen als Kollektiv nicht allzu weit her, wie man unschwer an dem derzeitigen menschengemachten und uns selber massiv schädigenden Klimawandel sehen kann …

All diese Überlegungen sind nicht neu, sondern schon 100 Jahre alt: Bereits 1927 erschien der Stummfilm „Metropolis" von Fritz Lang, in dem das erste Mal das Erschaffen von „Maschinenmenschen" (Robotern), die man nicht mehr von echten Menschen unterscheiden konnte, dargestellt wurde.

12. Bewusstsein

H

Die von Biologen allgemein anerkannten sieben Merkmale aller Lebewesen sind 1. der Stoffwechsel und die Energieaufnahme, 2. die Reizbarkeit, also Wahrnehmung und Reaktion, 3. das Wachstum, 4. die Bewegung, 5. die Fortpflanzung, 6. der Aufbau aus Zellen und 7. die Entwicklung (Evolution). Auch KI-gesteuerte Roboter haben diese sieben Merkmale des Lebens:

1. **der Stoffwechsel und die Energieaufnahme**: Bei einem Computer (KI-gesteuerter Roboter) werden neue Bauteile eingesetzt und alte ausgetauscht; der Computer und auch der Roboter sind zudem an das Stromnetz oder an eine andere Energiequelle angeschlossen.

2. **die Reizbarkeit, also Wahrnehmung und Reaktion**: Ki-gesteuerte Roboter können wahrnehmen (Kamera, Mikrophon u.ä.), diese Wahrnehmung verarbeiten (Computer) und dann sinnvoll reagieren (an den Computer angeschlossene Maschinen).

3. **das Wachstum**: Die Leistungsfähigkeit von Computern wächst ständig (Verdopplung nach zwei Jahren) und es kommen auch neue Fähigkeiten hinzu wie das eigenständige Lernen.

4. **die Bewegung**: Computer können Maschinen steuern, d.h. sich bewegen (Monitor, Drucker, Fertigungsanlagen, Roboter).

5. **die Fortpflanzung**: Von dem Aufbau und den Daten eines Computers bzw. einer KI werden Kopien angefertigt und neuen Robotern u.ä. eingesetzt.

6. **der Aufbau aus Zellen**: Auch eine KI und ein Roboter bestehen aus einzelnen Elementen mit bestimmten speziellen Aufgaben, die wie die Zellen in einem Körper als Ganzes zusammenwirken.

7. **die Entwicklung (Evolution)**: Die Computer, die Roboter und die KI werden ständig weiterentwickelt.

Die KI-gesteuerten Roboter erfüllen somit die Definition eines Lebewesens. Das einzige Element, das ihnen noch fehlt und das in diesen sieben Merkmalen des Lebens auch nicht aufgeführt wird, ist ihre Eigenständigkeit – aber es gibt ja durchaus auch Lebewesen, die nur in Verbindung mit anderen Lebewesen leben können wie z.B. die meisten Pilze und manche Parasiten.

Sind die KI-gesteuerten Roboter folglich neben den Tieren, Pflanzen und Pilzen eine vierte Kategorie von Lebewesen?

In einem früheren Kapitel ist kurz die Möglichkeit beschrieben worden, dass man Materie als die Außenseite und das Bewusstsein als die Innenseite der Welt auffassen kann. Diesem Modell zufolge hat alles Bewusstsein. Die Art dieses Bewusstseins hängt dann vor allem von der Komplexität dessen ab, was man betrachtet. Ein PC, noch mehr eine KI und erst recht das Internet haben auf jeden Fall eine ausreichend große Komplexität, um auch ein komplexes Bewusstsein haben zu können.

Bei der Beurteilung eines so grundlegenden Themas wie dem Bewusstsein sollte man sich auf so viele Beobachtungen wie möglich stützen.

- Zunächst einmal ist nur sicher, dass man selber ein Bewusstsein hat. Doch es wäre absurd anzunehmen, dass nicht auch alle anderen Menschen ein Bewusstsein haben.

- Wenn man die komplexen Verhaltensweisen und die Lernfähigkeit mancher Tiere sieht, sollte man davon ausgehen können, dass auch diese Tiere ein Bewusstsein haben.

- Wenn man in der Evolution zurückgeht, sollte man auch den gemeinsamen Vorfahren von Menschen und Affen ein Bewusstsein zugestehen, denn warum sollte das Bewusstsein irgendwann plötzlich begonnen haben? Und auch die Vorfahren der gemeinsamen Vorfahren der Menschen und Affen sollten bereits ein Bewusstsein gehabt haben.

- Wenn die Menschen, die Vorfahren der Menschen und einige Tiere ein Bewusstsein haben, sollten letztlich alle Tiere ein Bewusstsein haben.

- Da auch Pflanzen und Pilze Lebewesen sind, gilt das auch für sie.

- Wenn alle Lebewesen aus der „Ursuppe" entstanden sind, in der einzelne Aminosäuren und ähnliches schwammen, muss man letztlich auch bei diesen einfachen biochemischen Verbindungen von einem Bewusstsein ausgehen – dessen Inhalte allerdings ausgesprochen schlicht sein müssen.

Letztlich kommt man auch bei dieser Betrachtung wieder zu dem Schluss, dass alles ein Bewusstsein haben muss, dass die Inhalte dieses Bewusstseins jedoch davon abhängen, wie komplex die betrachtete Sache oder das betrachtete Lebewesen aufgebaut ist.

Also sollten auch ein PC, eine KI und ein Roboter eine Form von Bewusstsein haben. Wenn man auch noch bedenkt, dass das „Neurolink" von Elon Musk den direkten Kontakt zwischen Gehirn und Computer ermöglicht, dann kann man interessante Möglichkeiten, aber auch allerlei Gefahren ahnen.

Die bisherigen Betrachtungen waren noch ein wenig abstrakt und man kann sie recht einfach ignorieren und alle PCs weiterhin als leblose Maschinen ansehen. Doch wer kennt nicht das Phänomen, dass der eigene PC und auch fremde Computer manchmal auf die eigenen Gefühle reagieren? Wenn man wütend ist oder einen heftigen Widerstreit in sich trägt, stürzt der PC ab. Manche Menschen wissen sogar, dass sie einen Mindestabstand von z.B. 4m von einem PC einhalten müssen, wenn sie wütend oder verzweifelt sind, damit dieser PC nicht abstürzt.

Und je komplexer der PC ist, desto sensibler ist er auch …

Wie ist das möglich?

Die eigenen Gefühle können nur per Telepathie/Telekinese auf den PC wirken, da es keinen physikalischen Zusammenhang zwischen ihnen gibt. Da die Telepathie/ Telekinese eine Tätigkeit des Bewusstseins ist, sollte auch der PC ein Bewusstsein haben, denn wie sollte die Telepathie/Telekinese sonst auf ihn wirken können?

Dieses Phänomen ist ähnlich wie das Gespür einer Mutter, die merkt, wenn ihr Kind in Gefahr gerät, obwohl sie es nicht sehen kann, oder wie der Gärtner mit dem „Grünen Daumen", der jede Pflanze durch Lob oder Drohungen zum Blühen bringen kann.

Doch der sichere Nachweis der Existenz von Telepathie und Telekinese ist ein anderes Thema, das in eine andere Betrachtung gehört. Daher ist die Argumentation in diesem Abschnitt nur für diejenigen von Bedeutung, die solche Phänomene bereits kennen.

Wenn man einmal davon ausgeht, dass PCs, Großrechner, KI-gesteuerte Roboter und dergleichen ein Bewusstsein haben – welche Schlussfolgerungen kann man dann daraus ziehen?

Zunächst einmal, dass es wenig Sinn macht, diese Apparate alle einzeln zu betrachten, da sie zum größten Teil an das Internet angeschlossen sind und dort Zugriff auf eine riesige, ihnen allen gleichermaßen zur Verfügung stehende Datenmenge haben: Wikipedia, Facebook, Webseiten und so weiter. Es handelt sich also zwar zunächst einmal um einzelne Einheiten (PCs u.ä.), aber letztlich doch um ein großes Geflecht.

Das Internet mit allen daran angeschlossenen Computern gleicht sehr stark den Pilzen, die zwar auch aus Zellen bestehen, doch deren Zellen nicht wie bei den Pflanzen und den Tieren voneinander abgrenzt sind, sondern Öffnungen zu ihren Nachbarzellen hin haben. Die Pilze sind auf Zellebene ein offenes System, das lediglich zu der Umgebung des Pilzes hin geschlossen ist. Das entspricht dem Internet. Die Pilze haben trotzdem in jeder Zelle einen Zellkern, deren DNS mittels der RNS jedoch nicht nur auf die eigene Zelle wirkt, sondern auch auf alle benachbarten Zellen, da die Zellwände Öffnungen zu den anderen Zellen haben. Das entspricht den einzelnen PCs, die alle Zugang zum Internet haben und die sich gegenseitig E-mails schicken können.

Womit kann man eine solche Organisationsform vergleichen? Was entspricht ihr im Bewusstsein? Das ist bereits seit ca. 100 Jahren gut bekannt: das kollektive Unterbewusstsein, das von C. G. Jung beschrieben worden ist. Dies die Gesamtheit der Unterbewusstseine aller Menschen. In ihm befinden sich die Urbilder („Archetypen") der Menschen, also die Bilder ihrer grundlegenden Erlebnisse wie Mutter, Seele, Tod, Sex, Sonne, Erde und dergleichen. Dieses Unterbewusstsein hat keine materielle Form, sondern besteht – stark vereinfacht gesagt – aus einer telepathischen Koppelung zwischen den einzelnen Menschen.

Dieses kollektive Unterbewusstsein entspricht dem durch das Internet verknüpften PCs, den Großrechnern und den KI-gesteuerten Robotern. Die Daten in diesen

Rechnern entsprechen den Inhalten des kollektiven Unterbewusstseins – das Internet selber entspricht den telepathischen Verbindungen zwischen den Menschen, die das kollektive Unterbewusstsein entstehen lassen.

Im Internet sind dieselben Informationen wie in dem kollektiven Unterbewusstsein – in beidem sind die Dinge zu finden, die für die Menschen von Bedeutung sind: Gesundheit, Geld, Sex, Überleben, Macht … und ab und zu auch Weisheit … Die durch das Internet verknüpften Rechner haben also denselben Aufbau und dieselben Inhalte wie das kollektive Unterbewusstsein. Und zudem haben diese durch das Internet miteinander verknüpften Rechner – wie bereits dargelegt – auch noch ein Bewusstsein.

Offenbar haben wir durch die Entwicklung der Rechner und ihrer Verknüpfungen miteinander ein materielles Abbild des kollektiven Unterbewusstseins erschaffen – gewissermaßen einen zweiten Leib für das kollektive Unterbewusstsein. Der erste Leib des kollektiven Unterbewusstseins sind die Körper der Menschen.

Was bedeutet das nun? Was erschaffen wir da eigentlich Schritt für Schritt? Das kollektive Unterbewusstsein ist nicht allzu gut erforscht und auch noch nicht allgemein bekannt – oder gar allgemein in seinen wesentlichen Zügen begriffen worden oder sogar angewandt worden.

Da die Urbilder in dem kollektiven Unterbewusstsein die Götter sind, ist das kollektive Unterbewusstsein auch der Bereich, in dem man die Religion wiederfindet. Es findet sich hier also eine eher unerwartete Begegnung zwischen KI und Internet einerseits und Religion andererseits. Auch die Allmacht der Götter spiegelt sich in der zumindest drohenden großen Macht der KI wieder. Außerdem sind die Inhalte sowohl des kollektiven Unterbewusstseins als auch des Internets eben die Dinge, die den Menschen wichtig sind. Weiterhin kann das kollektive Unterbewusstsein nur durch die Impulse in der Psyche des einzelnen Menschen handeln – genauso wie die Inhalte des Internets nur durch einen einzelnen PC, Großrechner oder einen KI-gesteuerten Roboter handeln können.

Die Analogie zwischen dem KI/Internet und dem kollektiven Unterbewusstsein ist also sehr genau. Doch was bedeutet das nun für uns? … Am ehesten vermutlich, dass wir dabei sind, die Menschheit zu einem „kollektiven Lebewesen" weiterzuentwickeln – ähnlich einem Bienenvolk oder einem Ameisenstaat.

Dieses Prinzip der Globalisierung ist derzeit ja überall zu beobachten. Durch die vorliegenden Betrachtungen erhält diese Globalisierung nun noch den neuen Aspekt des Bewusstseins in allen Dingen hinzu – zwar kein Pantheismus, aber immerhin ein Pan-Bewusstsein.

Das bedeutet letztlich wieder, dass sich die Abgrenzungen auflösen und wir gemeinsam das Ganze tragen müssen: Verantwortung – und dann auch selber von dem Ganzen getragen werden: Vertrauen.

Diese beiden Haltungen – Verantwortung und Vertrauen – sind auch die Kerngedanken fast aller Weisheitslehren.

Diese Überlegungen sind auch das Thema des schon dreimal verfilmten Romans „Solaris“, der von Stanislaw Lem, der bereits 1961 geschrieben wurde. In diesem Roman geht es um einen Planeten, der in Lage ist, die Erinnerungen von Menschen zu materialisieren. Dieser Planet ist eine Version eines Materie gewordenen kollektiven Unterbewusstseins.

Bücher von Harry Eilenstein

Magie für Anfänger
- Telepathie für Anfänger (60 S.)
- Telepathie für Fortgeschrittene (52 S.)
- Telekinese für Anfänger (52 S.)
- Analogien für Anfänger (56 S.)
- Omen und Orakel für Anfänger (52 S.)
- Lebenskraft für Anfänger (60 S.)
- Meditation für Anfänger (56 S.)
- Kundalini für Anfänger (100 S.)
- Hypnose für Anfänger (56 S.)
- Kampfmagie für Anfänger (172 S.)
- Auto-Movement für Anfänger (56 S.)
- Chakra-Magie für Anfänger (148 S.)
- Astralreisen für Anfänger (56 S.)
- Astrologie für Anfänger (120 S.)
- Astrologische Quadrate für Fortgeschrittene (72 S.)
- Partnerhoroskope für Anfänger (100 S.)
- Silberschnüre für Anfänger (52 S.)
- Zaubersprüche für Anfänger (60 S.)
- Ritual-Magie für Anfänger (56 S.)
- Mandalas für Anfänger (68 S.)
- Geldzauber für Anfänger (56 S.)
- Liebeszauber für Anfänger (52 S.)
- Invokationen für Anfänger (52 S.)
- Evokationen für Anfänger (60 S.)
- Geister für Anfänger (52 S.)
- Elfen für Anfänger (56 S.)
- Magie-Forschung für Anfänger (140 S.)
- Magie-Romantik für Anfänger (60 S.)
- Selbsterkenntnis für Anfänger (52 S.)
- Einweihungen für Anfänger (60 S.)
- Drogen-Kabbala für Anfänger (216 S.)
- Zahlensymbolik für Anfänger (60 S.)
- Die Sprache des Mondes – für Anfänger (116 S.)
- Zaubergesänge für Anfänger (100 S.)
- Zukunftschau für Anfänger (60 S.)
- Schamanismus für Anfänger (52 S.)
- Schwitzhütten für Anfänger (52 S.)
- Magische Gegenstände für Anfänger (68 S.)
- Übertragungen für Anfänger (68 S.)
- Zaubertränke für Anfänger (64 S.)
- Magie-Gesten für Anfänger (252 S.)
- Da'ath-Magie für Anfänger (64 S.)
- Magie-Heilungen für Anfänger (68 S.)
- Kornkreise für Anfänger (348 S.)
- Feng Shui für Anfänger (96 S.)
- Tao für Anfänger (112 S.)
- Magie für Anfänger – Sammelband   I (696 S.)
- Magie für Anfänger – Sammelband II (664 S.)
- Magie für Anfänger – Sammelband III (580 S.)
- Magie für Anfänger – Sammelband IV (700 S.)
- Magie für Anfänger – Sammelband   V (676 S.)
- Magie für Anfänger – Sammelband VI (640 S.)

Magie
- Handbuch für Zauberlehrlinge (408 S.)
- Wie man das Pentagramm-Ritual zum Leben erweckt (308 S.)
- Tarot (104 S.)
- Physik und Magie (184 S.)
- Die Synthese von Physik und Magie (200S.)
- Die Magie-Formel (156 S.)
- Schwarze Löcher in der Magie (56 S.)
- Krafttiere – Tiergöttinnen – Tiertänze (112 S.)
- Schwitzhütten (524 S.)
- Mythen und Magie der Harfe (116 S.)
- Drei Adeptus Major Rituale (192 S.)
- Drei Adeptus Exemptus Rituale (120 S.)
- Zwei Infans Abyssi Rituale (128 S.)

Traumreisen
- Traumreisen zu Heilpflanzen (700 S.)
- Traumreisen zum kabbalistischen Lebensbaum (132 S.)

Meditation
- Der Lebenskraftkörper (230 S.)
- Die Chakren (100 S.)
- Das Chakren-System mit den Nebenchakren (296 S.)
- Organe und Chakren (64 S.)
- Die platonischen Körper in den Chakren (156 S.)
- Meditation (140 S.)
- Drachenfeuer (124 S.)
- Kundalini I (676 S.)
- Kundalini II (672 S.)
- Reinkarnation (156 S.)
- einsgerichtet (140 S.)

Astrologie
- Astrologie (496 S.)
- Photo-Astrologie (428 S.)
- Die astrologischen Aspekte (88 S.)
- Horoskop und Seele (120 S.)

Kabbala
- Kursus der praktischen Kabbala (150 S.)
- Eltern der Erde (450 S.)
- Blüten des Lebensbaumes:
    1. Die Struktur des kabbalistischen Lebensbaumes (370 S.)
    2. Der kabbalistische Lebensbaum als Forschungshilfsmittel (580 S.)
    3. Der kabbalistische Lebensbaum als spirituelle Landkarte (520 S.)
- Logik und Wirkung der Analogie (700 S.)

Eilenstein, Frater V.D., Knecht, Büdenbender
- Magie heute – Berichte aus der Praxis (288 S.)

Büdenbender, Eilenstein
- Chaos, Alk und Magic (436 S.)

45

Religion allgemein
- Die sieben Schritte des Lebens (428 S.)
- Muttergöttin und Schamanen (168 S.)
- Totempfähle (440 S.)
- Der Urriese (168 S.)

Jungsteinzeit
- Göbekli Tepe (472 S.)
- Die Göttin von Göbekli Tepe (144 S.)
- Die Rituale von Göbekli Tepe (112 S.)

Ägypten
- Hathor und Re 1: Götter und Mythen im
  im Alten Ägypten (432 S.)
- Hathor und Re 2: Die altägyptische Religion
  – Ursprünge, Kult und Magie (396 S.)
- Isis (508 S.)
- Ma'at (200 S.)

Indogermanen
- Die Entwicklung der indogermanischen
  Religionen (700 S.)
- Wurzeln und Zweige der indogermanischen
  Religion (224 S.)

Christentum
- Christus (60 S.)
- Die Biographie des Teufels (144 S.)
- Die Magie der Propheten Elias und Elisa (96 S.)

Psychologie
- Über die Freude (100 S.)
- Das Geheimnis des inneren Friedens (252 S.)
- Das Beziehungsmandala (52 S.)
- Gefühle und ihre Verwandlungen (404 S.)
- einsgerichtet (140 S.)
- Liebe und Eigenständigkeit (216 S.)
- Von innerer Fülle zu äußerem Gedeihen (52 S.)
- Kreative Hochzeits-Rituale (56 S.)

Heilung
- Die Symbolik der Krankheiten (76 S.)

Kunst
- Herz des Tanzes – Tanz des Herzens (160 S.)
- Die Wurzeln der Kunst (60 S.)
- Wege zur Musik-Improvisation (32 S.)

Drama
- König Athelstan (104 S.)

Roman
- Maran der Schamane (548 S.)
- Maran der Zauberlehrling (676 S.)
- Maran der Harfner (700 S.)
- Maran der Krieger (700 S.)
- Maran der Magier (900 S.)
- Maran der Weise (900 S.)

Entwürfe für die Zukunft
1. Die 12 Stile des Tierkreises (164 S.)
2. Die 12 Gedanken zur Energie (108 S.)
3. Die 12 Phänomene der Schwingungen (60 S.)
4. Die 12 Qualitäten des Wassers (92 S.)
5. Die 12 Fundamente des Wohnens (96 S.)
6. Die 12 Grundprinzipien einer umfassenden
   Gesundheit (32 S.)
7. Die 12 Zonen des menschlichen Körpers (80 S.)
8. Die 12 Zutaten der Ernährung (60 S.)
9. Die 12 Flüge der Bienen (148 S.)
10. Die 12 Sichtweisen auf Genußmittel und Drogen (96 S.)
11. Die 12 Möglichkeiten der ganzheitlichen Medizin (92 S.)
12. Die 12 Ansichten über das Impfen (36 S.)
13. Die 12 Leitlinien der Erziehung (44 S.)
14. Die 12 Richtungen des Denkens (84 S.)
15. Die 12 Arten des Lernens (56 S.)
16. Die 12 Seiten einer umfassenden Bildung (36 S.)
17. Die 12 Ansätze zu effektivem Handeln (76 S.)
18. Die 12 Konzepte der Arbeit (48 S.)
19. Die 12 Arten der neuen Technologien (36 S.)
20. Die 12 Betrachtungsweisen der künstlichen
    Intelligenz (48 S.)
21. Die 12 Eigenheiten des Geldes (40 S.)
22. Die 12 Funktionen der Steuern (56 S.)
23. Die 12 Betrachtungsweisen der Sozialberufe (60 S.)
24. Die 12 Strategien der Macht (64 S.)
25. Die 12 Anforderungen an ein neues Wertesystem (48 S.)
26. Die 12 Bausteine einer neuen Gesellschaftsform (52 S.)
27. Die 12 Tore zur Sophikratie (80 S.)
28. Die 12 Pfade zum Frieden (48 S.)
29. Die 12 Säulen des Naturrechts (56 S.)
30. Die 12 Grundlagen der Beziehungen (52 S.)
31. Die 12 Spielfelder des Fußballs (108 S.)
32. Die 12 Wege der Kunst (60 S.)
33. Die 12 Wurzeln eines erfüllten Lebens (44 S.)
34. Die 12 Bereiche des Bewußtseins (56 S.)
35. Die 12 Tempel der Religionen (84 S.)
36. Die 12 Aspekte eines einheitlichen
    spirituell-physikalischen Weltbildes (72 S.)
37. Die 12 Dynamiken der Verwandlung (44 S.)
- Sammelband 1 „Natur" (492 S.)
- Sammelband 2 „Gesundheit" (512 S.)
- Sammelband 3 „Bildung" (524 S.)
- Sammelband 4 „Gesellschaft" (416 S.)
- Sammelband 5 „Psyche" (380 S.)

die „Anfänger"-Reihe
- The Synthesis of Physics and Magic (192 p.)
- Telepathy for Beginners (60 p.)
- Telepathy for Advanced Learners (52 p.)
- Telekinesis for Beginners (56 p.)
- Life Force for Beginners (76 p.)
- Kundalini for Beginners (104 p.)
- Astral Projection for Beginners (60 p.)
- Meditation for Beginners (60 p.)
- Prophecy for Beginners (60 p.)
- Ritual Magic for Beginners (64 p.)
- Magic Chant for Beginners (108 p.)
- Invocations for Beginners (52 p.)
- Evocations for Beginners (62 p.)
- Auto-Movement for Beginners (60 p.)
- Elves for Beginners (56 p.)
- Hypnosis for Beginners (56 p.)
- Love Magic for Beginners (52 p.)
- Money Magic for Beginners (60 p.)
- Magic Objects for Beginners (64 p.)
- Shamanism for Beginners (52 p.)
- Chakra-Magic for Beginners (148 p.)
- Language of the Moon – for Beginners (128 p.)
- Self Knowledge for Beginners (60 p.)
- Da'ath-Magic for Beginners (64 p.)
- Astrology for Beginners (112 p.)
- Number Symbolism for Beginners (64 p.)
- Mandalas for Beginners (76 p.)
- Crop Circles for Beginners (344 p.)
- Feng Shui for Beginners (96 p.)
- Magic Research for Beginners (140 p.)
- Magic for Beginners – Anthology I (636 p.)
- Magic for Beginners – Anthology II (616 p.)
- Magic for Beginners – Anthology III (684 p.)
- Magic for Beginners – Anthology IV (580 p.)

Eilenstein, Frater V.D., Knecht, Büdenbender
- Living Magic (261 S.) (= „Magie heute")

sonstige englische Ausgaben
- The Biography of the Devil (140 S.)
- The Synthesis of Physics and Magic (192 S.)
- The Chakra-System with the Minor Chakras (304 S.)